DE LA DISTINCTION

ENTRE

LA RESPONSABILITÉ CONTRACTUELLE

ET

LA RESPONSABILITÉ DÉLICTUELLE

D'APRÈS LA LOI ET LA JURISPRUDENCE FRANÇAISES

PAR

E. ROUARD DE CARD

PROFESSEUR A LA FACULTÉ DE DROIT DE TOULOUSE

(EXTRAIT DE *LA FRANCE JUDICIAIRE*)

PARIS

A. DURAND ET PEDONE-LAURIEL, ÉDITEURS

LIBRAIRES DE LA COUR D'APPEL ET DE L'ORDRE DES AVOCATS

G. PEDONE-LAURIEL, SUCCESSEUR

13, RUE SOUFFLOT, 13

1891

DE LA DISTINCTION

ENTRE

LA RESPONSABILITÉ CONTRACTUELLE

ET LA

RESPONSABILITÉ DÉLICTUELLE

D'APRÈS LA LOI ET LA JURISPRUDENCE FRANÇAISES

Les idées simples, en droit comme en toute autre science, sont bien difficiles à dégager. Je me livrais à cette réflexion en voyant, dans un recueil de jurisprudence, nos juges se torturer l'esprit pour résoudre certains procès (1), qui, par la simple application de principes élémentaires, auraient pu être terminés d'une façon satisfaisante.

Les litiges auxquels je fais allusion sont susceptibles d'être tous ramenés à une même idée. Un contrat est régulièrement intervenu entre deux personnes. L'une d'elles se trouve tenue d'une obligation déterminée qu'elle n'exécute pas ou qu'elle exécute d'une façon incomplète. L'autre la poursuit alors en paiement de dommages-intérêts. Que doit faire le tribunal saisi de la question ? Il doit condamner le débiteur, si ce dernier ne justifie pas que l'inexécution provient d'un cas fortuit ou de force majeure, c'est-à-dire, s'il ne démontre pas l'absence de toute faute. C'est la consécration de ce principe que toute personne, qui se trouve régulièrement obligée, doit prouver sa libération.

(1) Ces procès mettaient en jeu soit la responsabilité des locataires envers le propriétaire pour cause d'incendie, soit la responsabilité des patrons envers les ouvriers victimes d'accidents au cours du travail, soit la responsabilité des entrepreneurs de transport envers les voyageurs blessés, soit enfin la responsabilité des entrepreneurs de remorquage envers les propriétaires de navires avariés durant l'opération.

Telle est la théorie qui se dégage des textes du code civil (1) et à laquelle conduit la logique. Est-ce celle qui est appliquée ? Nullement. Les tribunaux, ne tenant aucun compte du lien contractuel existant entre les parties, vont chercher ailleurs la solution. Ils s'attachent exclusivement aux dispositions des articles 1382 et 1383. En conséquence, ils décident que le demandeur en dommages-intérêts doit démontrer l'existence de la faute préjudiciable dont il prétend avoir été victime.

Cela revient à confondre deux choses parfaitement distinctes : la responsabilité contractuelle et la responsabilité délictuelle.

Il est vrai que les juges ne sont pas les seuls à se tromper sur ce point. Le législateur lui-même, lors de la rédaction du code civil (2) et de certaines lois postérieures (3), n'a point montré une perspicacité plus grande et il a pu mériter le même reproche. L'erreur est donc aussi répandue dans le monde législatif que dans le monde judiciaire.

Frappée de cette observation, la doctrine a toujours essayé de réagir en indiquant les caractères propres de chaque espèce de responsabilité. Mais ses efforts n'ont pas été heureux et elle a vu la confusion s'augmenter autour d'elle. Or, si l'on ne peut nier ce fait, on doit du moins en rechercher la cause. Pourquoi les auteurs ne sont-ils point parvenus, dans cette circonstance, à faire prévaloir leurs idées ? Suivant moi, il convient d'attribuer leur insuccès à ce qu'ils se sont le plus souvent bornés à tracer la ligne de démarcation entre les deux théories d'un trait si rapide

(1) Articles 1147, 1148, combinés avec l'article 1315 du code civil.

On s'appuie souvent sur l'article 1302 cod. civ., mais ce texte, par ses termes, nous semble limité à une obligation ayant pour objet un corps certain. Il vaut donc mieux invoquer l'article 1147 dont la formule plus générale comprend aussi bien une obligation de faire qu'une obligation ayant pour objet un corps certain.

(2) L'article 1734 (ancien texte) suppose, nous le verrons plus tard, une présomption de faute délictuelle, mise à la charge de divers locataires.

(3) Nous aurons l'occasion de constater que, dans les discussions relatives aux projets de loi sur la responsabilité des locataires en cas d'incendie et sur la responsabilité des patrons en cas d'accidents survenus aux ouvriers, les membres du Parlement n'ont pas toujours su discerner la faute contractuelle de la faute délictuelle.

et si léger que les praticiens ont eu quelque peine à l'apercevoir (1).

Aussi, il peut paraître utile de revenir sur ce sujet et de le mieux pénétrer. C'est la tâche que je vais entreprendre. En publiant une pareille étude, je n'ai aucune prétention à l'originalité. Grouper et préciser des notions jusqu'alors éparses et un peu vagues, tel est mon seul objectif.

Voici l'ordre dans lequel je présenterai ces développements. Je montrerai, d'abord, comment doit se faire la distinction entre la responsabilité contractuelle et la responsabilité délictuelle. J'indiquerai, ensuite, quels intérêts elle présente et quelles applications elle peut recevoir.

I. — Critérium d'après lequel doit se faire la distinction.

Pour opérer la distinction, il faut s'attacher à l'idée suivante : Une personne a-t-elle commis une faute dommageable en n'exécutant pas l'obligation dont elle se trouvait tenue en vertu de contrat ou de quasi-contrat ? C'est la responsabilité contractuelle.

Une personne a-t-elle, indépendamment de tout contrat ou quasi-contrat, causé par sa faute un préjudice à autrui ? C'est la responsabilité délictuelle.

En résumé, la première responsabilité suppose deux personnes entre lesquelles existe un lien contractuel ou quasi-contractuel. La seconde, au contraire, se présente entre deux personnes juridiquement étrangères l'une à l'autre (2).

(1) Dans les commentaires du code civil les plus développés, on ne découvre pas une synthèse suffisante. Çà et là seulement quelques indications très brèves sont destinées à prévenir le lecteur contre des erreurs possibles. Consultez Aubry et Rau, *Cours de droit civil français*, t. IV, p. 94, 100, 750 ; Demolombe, *Code civil*, t. XXXI, n° 361, 473, 685, 686, 687 ; Baudry-Lacantinerie, *Précis de droit civil*, t. II, p. 604, 624 ; Vigié, *Cours élémentaire de droit civil français*, t. II, p. 787, 788.

(2) MM. Aubry et Rau opposent aux délits et quasi-délits les fautes commises en contravention des obligations imposées par un contrat ou quasi-contrat (fautes contractuelles).

II. — Intérêts que présente cette distinction.

Ces intérêts sont nombreux.

1er INTÉRÊT. — En matière de responsabilité contractuelle, c'est au débiteur, qui n'a pas accompli son obligation, à démontrer que l'inexécution provient d'un cas fortuit ou de force majeure et qu'il est, par conséquent, exempt de toute faute (1).

En matière de responsabilité délictuelle, c'est à celui qui réclame une indemnité à établir qu'un fait illicite et dommageable a été commis par l'autre partie.

Dans les deux cas, on applique la maxime « onus probandi incumbit ei qui dicit ». Toute affirmation contraire au cours normal de choses ou à une situation acquise doit être justifiée (2).

Notons que, par exception, le législateur présume la faute délictuelle. Une présomption de ce genre se trouve dans l'article 1384 (3). Le père de famille ou l'instituteur est présumé avoir manqué de surveillance, tandis que le maître ou le commettant est censé avoir mal choisi son domestique ou son préposé (4).

L'intérêt que nous venons de signaler est capital. Malheureusement la jurisprudence bouleverse tout. Par cela même qu'elle ne sait pas faire la distinction essentielle entre les deux espèces de faute, elle est amenée à mettre le fardeau de la preuve à la charge de telle ou telle partie qui ne devrait pas le supporter.

2e INTÉRÊT. — En matière de responsabilité contractuelle, pour qu'il y ait lieu à des dommages-intérêts, une mise en demeure du débiteur est nécessaire (5).

En matière de responsabilité délictuelle, l'auteur du fait illicite

(1) Articles 1147 et 1148 du code civil.

(2) Article 1315 du code civil.

(3) Dans l'article 1385, il y a aussi une présomption légale de faute délictuelle. On a pu soutenir que, d'après les articles 1733 et 1734 du code civil, chacun des locataires était présumé avoir mis le feu à la maison par malice ou du moins par imprudence.

(4) Cette présomption est, en général, susceptible d'être combattue par la preuve contraire. Article 1384 *in fine*. Le maître et le commettant ne peuvent, toutefois, détruire la présomption en faisant une preuve contraire.

(5) Articles 1139, 1146 du code civil.

est, de plein droit, en demeure de réparer le préjudice causé (1).

Voici la raison de cette différence. Le débiteur qui n'a pas accompli son obligation dans le délai prescrit et qui n'a reçu aucune interpellation, peut penser que le créancier, n'étant point pressé d'obtenir l'exécution, lui laisse tout le temps possible. De là, l'utilité d'un acte énergique destiné à frapper son attention. Mais l'auteur d'un fait illicite se trouve dans une situation différente. Il ne peut compter sur l'indulgence de celui auquel il a causé un préjudice ; il doit se considérer comme étant tenu de le réparer immédiatement (2). Dès lors dans quel but serait-il interpellé ?

3e Intérêt. — En matière de responsabilité contractuelle, la faute n'est prise en considération par le juge qu'autant qu'elle se présente avec un certain caractère de gravité. Telle est l'idée contenue dans l'article 1137. On discute, il est vrai, sur la portée exacte de ce texte. Mais, au point de vue de cette étude, il importe peu de savoir si les rédacteurs du code ont voulu reproduire l'ancienne division tripartite des fautes (3) ou si, au contraire, ils n'ont admis, sauf de rares exceptions (4), qu'un seul type de faute : la faute légère appréciée d'une façon abstraite. Disons, toutefois, que cette dernière opinion nous parait mieux répondre à la lettre (5) et à l'esprit des dispositions légales (6).

(1) Voyez : Aubry et Rau, *Droit civil français*, t. IV, p. 750 ; Demolombe, *Code civil*, t. XXXI, n° 685. En ce sens : Cassation, 30 janvier 1826, Sir. 1827, 1, 234 ; — Cassation, 30 novembre 1858, Sir., 1859, 1, 251 ; Cassation, 31 mai 1865, Sir., 1866, 1, 166.

(2) La loi dans divers cas, pour le motif indiqué, admet que le débiteur est mis en demeure de plein droit et sans interpellation.

(3) Cette division, que nos jurisconsultes anciens prétendaient à tort avoir trouvée dans les textes du droit romain, est présentée très clairement par Pothier, dans son *Traité des Obligations*, n° 142.

(4) Ces exceptions se rencontrent dans les articles 1374, al. 2, 1882, 1927, 1992.

(5) Les textes sont très clairs. D'après l'article 1137, le débiteur doit apporter à la garde de la chose qu'il est tenu de conserver (ou à l'accomplissement du fait qu'il est chargé d'exécuter) tous les soins d'un bon père de famille, c'est-à-dire, la diligence qu'un homme soigneux apporte communément à l'administration de ses affaires. C'est bien la faute légère appréciée *in abstracto*.

Les autres textes sont aussi décisifs. Voyez les articles 1624, 1728, 1806, 1880, 2080, qui tous emploient l'expression : « en bon père de famille ».

(6) Les travaux préparatoires nous indiquent que le législateur moderne a voulu se dégager des précédents historiques et repousser la division tripartite.

En matière de responsabilité délictuelle, toutes ces complications disparaissent. Le juge doit tenir compte de la faute, quel que soit son caractère de gravité. Une simple imprudence ou négligence aussi bien qu'un fait positif peut motiver une condamnation à des dommages-intérêts. L'article 1383 ne laisse place à aucun doute, car il emploie une formule très large. Du reste, sous ce rapport, le code civil n'a fait qu'adopter simplement la maxime admise dans le droit romain (1) et dans notre ancienne jurisprudence (2).

Peut-on justifier cette solution ? Je le crois.

Lorsqu'il s'agit d'un contrat ou d'un quasi-contrat, la partie qui cause un dommage en ne remplissant pas son engagement, a été admise à contracter par l'autre partie ou lui a du moins rendu un service. On comprend donc que cette dernière ne puisse demander des dommages-intérêts, dans le cas où la faute est de très petite importance. En le décidant ainsi, le législateur tient compte de son intention probable.

Mais lorsqu'il s'agit d'un délit ou d'un quasi-délit, il n'y a aucun motif de traiter avec indulgence l'auteur du fait préjudiciable. En effet, la victime n'est pas allée le chercher et, le plus souvent, elle ne l'a pas même connu antérieurement. Donc, la faute quelque faible qu'elle soit peut servir de base à une action en indemnité (3).

4e Intérêt. — En matière de responsabilité contractuelle, l'article 1153 doit être observé. Aussi, le juge, quand il s'agit d'obligation ayant pour objet une somme d'argent, ne peut allouer les intérêts qu'à partir de la demande en justice.

En matière de responsabilité délictuelle, le juge peut faire remonter les intérêts à une époque antérieure à la demande en justice, notamment au jour même du délit.

Exposé des motifs par Bigot-Préameneu. Locré, *Législ.*, *civ.* t. XII, p. 326, n° 32. — Rapport de Favart au Tribunat. Locré, *Législ.*, *civ.* t. XII, p. 431 n° 32.

(1) Fr. 44. Dig. L. IX, t. II : « *in lege aquilia et levissima culpa venit* ».

(2) Domat disait : « Toutes les pertes... qui peuvent arriver... par autres fautes semblables, *si légères qu'elles puissent être*, doivent être réparées par celui dont l'imprudence y a donné lieu ». *Lois civiles*, liv. II, titre VIII, sect. IV.

(3) Demolombe, *Cours de code civil*, t. XXXI, p. 408.

On comprend aisément pourquoi l'article 1153 doit être écarté. Cet article ne vise que les intérêts moratoires, c'est-à-dire ceux dont le débiteur d'une somme d'argent est tenu à raison du retard apporté dans l'exécution. Or, les intérêts dont il s'agit ici sont des intérêts compensatoires. Comme le capital de l'indemnité pécuniaire dont ils sont le complément, ils ont pour but de réparer le dommage qu'a éprouvé la victime du délit ou du quasi-délit.

C'est ce qu'explique très clairement M. Demolombe: « Les juges ayant, dit-il, dans ce dernier cas, toute latitude pour déterminer, dans leur appréciation discrétionnaire, la quotité des dommages-intérêts auxquels le débiteur doit être condamné envers le créancier, il en résulte qu'ils peuvent ajouter à la somme, à laquelle ils les estiment, les intérêts de cette somme, à partir d'une époque antérieure à la demande ; car ces intérêts étant alloués au créancier, de même que la somme principale, comme une indemnité compensatrice du dommage qu'il a éprouvé et comme un complément et une partie intégrante de cette indemnité, ne rentrent pas dans l'application du troisième alinéa de l'article 1153 » (1). La jurisprudence, à maintes reprises, a affirmé cette idée (2).

5e Intérêt. — En matière de responsabilité contractuelle, le juge doit évaluer les dommages-intérêts en observant les prescriptions des articles 1149 et 1150 du code civil. Ainsi, lorsque l'inex-

(1) Demolombe, *Cours de code civil*, t. XXIV, n° 634. Voyez aussi, t. XXXI, n° 361, 685.

(2) Voyez l'arrêt de cassation du 4 février 1868 : « Attendu que les articles 1150 et 1154 cod. civ. portant que l'intérêt ne court que du jour de la demande, n'ont prévu que les obligations qui se bornent au paiement d'une somme d'argent ; qu'ils sont donc sans application à la cause actuelle où l'intérêt est alloué à titre de réparation du préjudice causé par la faute du demandeur en cassation, qu'en une telle situation, le juge du fond, souverain appréciateur de la faute, du dommage et de la réparation, peut fixer le chiffre des dommages-intérêts, soit en une somme unique réglée par le jugement au moment de la décision, soit en un capital augmenté de l'intérêt depuis le jour du dommage.

Voyez aussi : Cass. 30 janvier 1826, Sir. 1827, 1, 214 ; Cass. 8 août 1832, Sir. 1832, 1, 741 ; Cass. 4 avril 1866, Sir. 1866, 1, 433 ; Bourges, 23 janvier 1867, Sir. 1867, 2, 10 ; Cass. 18 décembre 1866, et 21 janvier 1867, Sir. 1868, 1, 81 et 82. Cass. 4 février 1868, Sir. 1868, 1, 411; Cass. 28 janvier 1868, Sir. 1868, 1, 174 ; Cass. 1er juillet 1868, Sir. 1868, 1, 408 ; Aix, 18 juin 1870, Sir. 1872, 2, 13.

écution ne provient pas d'un dol, le débiteur est simplement tenu des dommages-intérêts dont la cause a été prévue ou a pu être prévue lors du contrat.

Au contraire, en matière de responsabilité délictuelle, toutes ces restrictions disparaissent. L'auteur du fait illicite doit réparer tout le préjudice qu'il a occasionné par sa faute. Cela est vrai même dans le cas où l'action en indemnité est exercée à propos d'un simple quasi-délit, c'est-à-dire, d'un fait illicite exempt de toute intention de nuire (1).

Comment expliquer cette solution? Le voici : la disposition de l'article 1150 repose sur une interprétation de volonté. Or, il ne peut être question d'interpréter la volonté des parties, lorsqu'il s'agit de délit ou de quasi-délit. Du reste, rationnellement, on ne comprendrait pas que l'auteur d'un fait illicite et dommageable pût venir dire qu'il n'a pas pu prévoir telle conséquence fâcheuse. On pourrait lui répondre avec beaucoup d'à propos qu'il a eu précisément le tort de ne pas assez prévoir ce qui pouvait résulter de ses actes ou de ses imprudences (2).

Telles sont les différences principales que l'on constate entre les deux responsabilités. On pourrait, il est vrai, en signaler une autre, mais elle serait plus théorique que pratique. Il s'agit de l'application de l'article 1151, suivant lequel le débiteur coupable ou non d'un dol, est tenu uniquement de réparer le dommage qui est une suite immédiate et directe de l'inexécution de la convention.

Évidemment d'après sa lettre même, cette disposition faite en vue de la responsabilité contractuelle, ne saurait trouver sa place à propos de la responsabilité délictuelle. Mais, cette con-

(1) Voici un exemple qui fait comprendre la portée de cette observation.

Un charretier entre dans une cour. En passant, il heurte avec les roues de sa voiture le mur qui s'écroule. Si ce charretier s'est rendu coupable d'imprudence, il doit réparer tout le dommage causé par sa faute. Donc, il doit supporter les frais de reconstruction et, en outre, si la muraille détruite se trouvait frappée d'alignement réduisant la cour, il peut être tenu de payer de ce chef une indemnité au propriétaire. Et cependant, il est impossible de dire que ce préjudice particulier a pu être prévu par l'auteur du quasi-délit.

En ce sens, Cass. 31 janvier 1826, Sir. 1827, 1, 234.

(2) Voyez Aubry et Rau, *Droit civil français*, t. IV, p. 750; Demolombe, *Cours de code civil*, t. XXXI, n° 685.

cession faite, il faut aussitôt ajouter que, même lorsqu'il s'agit d'une action en indemnité motivée par un délit ou un quasi-délit, le juge ne peut méconnaître les prescriptions du bon sens et de l'équité. Dès lors, il doit condamner le défendeur à fournir une réparation pour le préjudice qu'il a réellement causé par sa faute, mais uniquement pour ce préjudice. C'est, par une voie détournée, revenir à la règle formulée dans l'article 1151.

Comment, du reste, faire autrement? ainsi que le dit fort justement M. Demolombe (1) : « Celui qui a causé un dommage à autrui, doit réparer tout le dommage dont il est véritablement l'auteur; tout ce dommage, mais rien que ce dommage et non pas celui qui aurait une autre cause et qui ne lui serait pas imputable. Or, c'est là en effet, un principe de logique et de raison, qui doit nécessairement guider aussi les juges, dans l'exercice de ce pouvoir discrétionnaire d'appréciation, qui leur appartient en ces sortes d'affaires ».

III. — Applications diverses qui peuvent être faites de cette distinction.

Je vais présenter un certain nombre d'applications à propos desquelles je relèverai les erreurs commises par la jurisprudence et par le législateur. Dans cette revue rapide, je ne m'attacherai, du reste, qu'à l'idée principale, laissant de côté les détails.

1re APPLICATION. — *Responsabilité du propriétaire d'une maison incendiée envers le voisin.*

C'est l'hypothèse du recours du voisin pour employer le langage des assureurs.

Entre le propriétaire de la maison incendiée et le voisin, il n'existe aucun rapport contractuel : celui qui agit, n'invoque pas l'inexécution d'une obligation résultant d'un contrat, il demande la réparation du dommage causé par un délit ou un quasi-délit. Le juge doit appliquer la théorie de la responsabilité délictuelle. De là, les conséquences suivantes dignes surtout de remarque :

(1) Demolombe, *Cours de code civil*, t. XXXI, n° 687.

a) Le voisin, demandeur en dommages-intérêts, doit établir que le propriétaire de l'immeuble incendié s'est rendu coupable contre lui d'une faute dommageable : fait positif ou simple négligence (1).

La preuve, du reste, peut être faite par tous les moyens.

b) Le voisin, demandeur en dommages-intérêts, lorsqu'il a fait cette preuve, doit obtenir une indemnité pour le montant intégral du préjudice causé (2).

2e Application. — *Responsabilité des locataires d'une maison incendiée envers le propriétaire.*

C'est suivant la formule des polices d'assurance, le risque locatif. Il faut tenir compte ici du contrat de louage. En vertu de ce contrat, chaque locataire s'est engagé à veiller à la conservation des locaux occupés par lui et à les restituer à la fin du bail dans l'état où il les a reçus (3). S'il n'exécute pas ces obligations, ce qui arrive au cas où les locaux habités sont détruits par l'incendie, il peut être poursuivi par le propriétaire en paiement de dommages-intérêts. Pour se soustraire à la condamnation, il doit établir qu'il n'y a pas eu faute de sa part, c'est-à-dire, prouver l'existence d'un cas fortuit ou de force majeure (4).

Voilà la solution à laquelle conduit un raisonnement juridique.

(1) Article 1315. En ce sens, Aubry et Rau, *Droit civil français*, t. IV, p. 488, 367 ; p. 755. Laurent, *Principes de droit civil*, t. XXV, n° 309.

Cassation, 22 octobre 1889, Sir., 1889, 1. 478. — « Attendu qu'en principe celui qui demande la réparation du dommage est tenu de prouver la faute, la négligence, l'imprudence par lui invoquée à l'appui de son action ; que la présomption de faute établie au cas d'incendie par les articles 1733 et 1734 du code civil n'a lieu que contre les locataires, et en faveur du propriétaire de la maison louée ; mais que l'action de celui dont la maison a été endommagée par suite ou à l'occasion de l'incendie qui a commencé chez le voisin, est réglée par les dispositions des articles 1382 et 1383 du code civil ; que dans ce dernier cas, il ne suffit donc pas au propriétaire qui a souffert l'incendie et qui demande la réparation des dommages, de prouver que le feu a pris chez son voisin ; qu'il doit établir de plus que l'incendie a été causé par la faute, la négligence ou l'imprudence de celui-ci. »

(2) Il ne faut pas tenir compte des articles 1149 et 1150 du Code civil.

(3) Articles 1728 et 1731 du Code civil.

(4) Articles 1147 et 1148 du code civil.

Était-ce cette théorie que le législateur de 1804 avait voulu consacrer dans le Titre du louage ? On pouvait en douter. D'abord, les rédacteurs du code avaient montré l'intention de reproduire l'ancienne maxime : *Incendia plerumque fiunt culpa habitantiam* (1). Ils s'étaient même expliqués très clairement sur ce point lors des travaux préparatoires : « La présomption, disait le tribun Jaubert, devait être établie contre le preneur, parce que, d'une part, le bailleur n'avait aucun moyen de prévenir, ni d'éviter l'accident, et que, de l'autre, les incendies arrivent ordinairement par la faute de ceux qui habitent dans la maison (2). »

Ensuite, les articles 1733 et 1734 contenaient des dispositions qui semblaient reposer sur une présomption de faute délictuelle, chacun des locataires étant réputé avoir mis le feu par malveillance ou du moins par négligence.

Quelles étaient ces dispositions ? En voici le résumé.

1° Le locataire ne pouvait échapper à la responsabilité qu'en faisant certaines preuves d'un caractère tout spécial : preuve d'un vice de construction ou preuve de la communication du feu par la maison voisine (3).

De semblables restrictions pouvaient se comprendre du moment qu'il s'agissait d'écarter la présomption d'un délit ou d'un quasi-délit, mais elles étaient difficiles à concilier avec la théorie de la responsabilité contractuelle. En effet, d'après cette théorie le locataire comme tout autre débiteur, chargé de veiller à la conservation d'une chose, devait pouvoir se soustraire au paiement de dommages-intérêts en établissant que l'inexécution de son obligation, attestée par la destruction des locaux, avait eu lieu sans sa faute (4).

(1) Dig. Fr. 3, § 4, liv. I, t. XV.
Voyez aussi Pothier, *Louage*, n° 194.

(2) Discours au Corps législatif. Fenet, t. XIV, p. 351, 362.

(3) Article 1733 du code civil.

(4) Articles 1147, 1148, 1302 du code civil.
Même avant l'interprétation législative de 1883, plusieurs auteurs considéraient l'article 1733, au moins dans son principe, comme une « conséquence naturelle des règles générales sur les obligations de débiteurs de corps cer-

2° S'il y avait plusieurs locataires chacun d'eux était responsable de l'incendie solidairement (1).

Cette solidarité s'expliquait aisément par l'idée de présomption d'un délit ou d'un quasi-délit pesant sur tous les locataires. Chacun d'eux était censé avoir mis le feu à la maison, il devait réparer tout le dommage causé par sa faute et payer une somme représentant la valeur de l'immeuble entier. S'il voulait échapper à une condamnation si lourde, il devait prouver que l'incendie n'avait pas commencé chez lui ou qu'il avait commencé dans l'habitation d'un autre.

Tout cela était très logique étant donné le point de départ.

Au contraire, si l'on restait sur le terrain de la responsabilité contractuelle, l'on ne pouvait se rendre compte de cette solidarité entre co-locataires. En effet, aux termes du contrat de bail, chaque locataire était tenu simplement de conserver les locaux occupés par lui et dès lors il ne pouvait être actionné que pour la valeur de ces locaux (2).

Ce système si rigoureux avait soulevé de vives protestations. Une réforme devenait nécessaire. L'abrogation des articles 1733 et 1734 fut proposée par M. Viette, au mois de mars 1879, devant la Chambre des députés. Après quelques discussions, il fut admis que l'on ne toucherait pas à l'article 1733 (3), ce

tains, règles appliquées par les articles précédents au preneur à loyer ou à ferme ». Colmet de Santerre, *Code civil*, t. VII, p. 261.

Voyez aussi Aubry et Rau, *Droit civil français*, t. IV, p. 484.

Quelques jurisconsultes pensaient même que l'article 1733 ne restreignait pas le cercle des moyens de justification de preneur. Voyez Colmet de Santerre, *Code civil*, t. VII, p. 263. Cette manière de voir était combattue vivement par d'autres commentateurs qui invoquaient à cet égard les termes limitatifs du texte. Voyez Aubry et Rau, *op. cit.*, t. IV, p. 485, note 22.

(1) Article 1734 du code civil.

(2) M. Colmet de Santerre donnait à propos de cette solidarité l'explication suivante plus ingénieuse qu'exacte : « Pour les colocataires de la même maison, on peut bien dire qu'ils ne sont pas absolument étrangers les uns aux autres, qu'ils ont accepté une sorte d'association quand ils ont consenti à prendre à bail une partie seulement de l'édifice. » *Code civil*, t. V, p. 217.

(3) On proposa, sans résultat, d'ajouter au second paragraphe de l'article 1733 les mots « ou malgré la diligence qu'un père de famille soigneux a coutume d'exercer ».

texte consacrant le droit commun en matière de contrats (1).

Quant à l'article 1734, il fut modifié par la loi du 5 janvier 1883. Aux termes de la disposition unique de cette loi, s'il y a plusieurs locataires, tous sont responsables de l'incendie proportionnellement à la valeur *locative* de la partie de l'immeuble qu'il occupe.

Quelle est la portée de la réforme accomplie en 1883? Le législateur a-t-il voulu écarter complètement la présomption de faute délictuelle?

On se prononce généralement pour la négative. On fait remarquer que l'article 1734 n'a subi qu'un seul changement; le mot « solidairement » a été remplacé par la formule » *proportionnellement à la valeur locative de la partie de l'immeuble qu'ils occupent* ».

Donc, dit-on, le législateur a maintenu implicitement la présomption de faute délictuelle : il s'est borné à atténuer l'une de ses conséquences en substituant la proportionnalité à la solidarité.

Ce point de départ admis, on arrive à donner la solution suivante : Lorsque les locataires prouvent que l'incendie a commencé dans l'habitation de l'un d'eux, celui-ci doit l'intégralité des dommages occasionnés. La jurisprudence a admis cette conclusion par divers arrêts ou jugements (2).

(1) Voyez, Rapport fait par M. Durand au nom de la seconde commission et délibérations sur la proposition de loi dans les deux Chambres.

On peut dire que l'article 1733 a reçu ainsi une interprétation législative dans le sens qui vient d'être indiqué. Dès lors, il devient impossible de le rattacher à la théorie de la responsabilité délictuelle. D'autre part, on ne doit plus le considérer comme restreignant le cercle des moyens de justification pour le preneur.

Voyez en ce sens, Bordeaux, 10 mai 1884, Sir. 1884, 2, 198 ; Toulouse, 19 février 1885, Sir. 1885, 2, 73. — *Contrà* Orléans, 4 décembre 1886, Sir. 1888, 2, 154.

(2) Trib. de Nîmes, 29 décembre 1883, confirmé par la cour de Nîmes le 15 mars 1884, Sir. 1885, 2, 1 ; Trib. de Bordeaux, 7 mai 1884, Sir. 1885, 2, 1 ; Trib. de la Seine, 2 août 1884, Sir. 1885, 2, 1 ; Toulouse, 19 février 1885, Sir. 1885, 1. 73 ; Dijon, 23 décembre 1885, Sir. 1886, 2, 246 ; Cass. 5 avril 1887, Sir. 1887, 1, 125 ; Cass., 4 juin 1889, Sir. 1889, 1, 477.

Toutes ces décisions se fondent sur ce que la loi du 5 janvier 1883 a simplement remplacé la solidarité par la proportionnalité, mais elle n'a pas abandonné la présomption de faute délictuelle. Pour le démontrer, elles invoquent d'abord les travaux préparatoires. Le rapporteur de la Chambre des députés s'est exprimé de la façon suivante : « Si la preuve est entière, il n'est pas douteux que le locataire, dont la faute est démontrée, ne soit tenu pour le tout ». De son côté, M. Batbie, dans son rapport au Sénat, a fait une déclaration analogue : « Le fait que l'incendie a son point de départ dans tel appartement entraine, contre le locataire qui l'occupe, *la preuve complète* de sa faute ». Ensuite, elles s'appuient sur le texte de l'article 1734, § 2 : « au quel cas celui-là seul *en* est tenu. » Tenu de quoi ? De l'incendie, c'est-à-dire de la totalité du dommage. Donc, affirment-elles, le législateur n'a pas voulu diminuer les droits du proprétaire qui peut recouvrer la valeur totale de l'immeuble détruit contre le locataire non exonéré.

Cette argumentation semble assez solide, mais elle entraîne des résultats fâcheux à deux points de vue :

Au point de vue théorique, car elle aboutit à faire intervenir une présomption de délit ou de quasi-délit à propos d'une question de responsabilité contractuelle.

Au point de vue pratique, car, en faisant peser sur chaque locataire une éventualité menaçante, elle l'empêche de pouvoir diminuer l'assurance contractée pour risques locatifs.

Aussi certains auteurs ont refusé d'admettre cette manière de voir (1). Suivant eux, le locataire, chez lequel l'incendie a commencé, doit simplement être actionné pour une part du dommage proportionnelle à la valeur locative de son appartement.

Cette controverse qui a pris naissance au lendemain de la promulgation du nouveau texte nous fait voir que la réforme n'a pas été accomplie de façon assez réfléchie. A un texte rigoureux, mais net, on a substitué un texte plus équitable, mais obscur. En vérité, on peut se demander s'il y a eu profit véritable.

(1) Sauzet, *Revue critique*, 1885, pp. 166 et suiv. ; — Labbé sur l'arrêt de la cour de Nimes, Sir. 1885, 2, 1.

3° Application. — *Responsabilité du patron envers un ouvrier victime d'un accident au cours de son travail.*

La responsabilité dont il s'agit ici est purement contractuelle. Entre les parties un contrat s'est formé : le contrat de louage d'ouvrage. De ce contrat, deux obligations sont nées à la charge du patron.

D'abord, il doit payer à l'ouvrier le salaire stipulé. Cette obligation est formellement établie par la loi (1).

Ensuite il est tenu d'assurer à l'ouvrier la sécurité et de le renvoyer, à la fin du contrat, indemne de tout accident. Cette obligation résulte de la convention interprétée d'après l'usage et l'équité (2).

Telles sont les obligations que le patron a contractées.

Or, la seconde ne se trouve pas exécutée du moment que l'ouvrier est devenu victime d'un accident au cours de son travail. Cela étant, le patron, s'il veut échapper à une condamnation, doit prouver que l'inexécution ne provient pas de sa faute, c'est-à-dire, que l'accident résulte d'un cas fortuit ou de force majeure. En résumé, la charge de la preuve *incombe au patron* qui se dit libéré (3). Et cette conclusion, déduite logiquement des principes, nous parait aussi fort équitable. A notre époque où l'outillage industriel a pris un si grand développement, le patron, qui a l'expérience et qui dirige le travail, peut prévoir les causes d'accidents et les prévenir par de sages mesures. Dès lors, si des ouvriers sont blessés, il doit établir qu'il n'a pas manqué à ce devoir aussi moral que juridique.

Quelle que soit sa supériorité, cette théorie, soutenue avec ardeur par des esprits distingués (4), n'a pas été bien accueillie par

(1) Article 1710 du code civil.

(2) Articles 1135 et 1156 du code civil.

(3) Article 1315 du code civil combiné avec les articles 1147 et 1148.

(4) Sainctelette, *De la responsabilité et de la garantie*. — Labbé note dans Sirey, 1885, 4, p. 25. — Sauzet, articles publiés dans la *Revue critique de législation* de 1883 et de 1884.

M. Glasson reconnait le caractère contractuel à la responsabilité du patron, mais il oblige l'ouvrier, demandeur en dommages-intérêts, à démontrer que le patron n'a pas accompli son devoir de surveillance et de protection. Une pareille conclusion peut paraitre arbitraire. *Le code civil et la question*

nos tribunaux et nos cours d'appel. La jurisprudence française, très différente à cet égard de la jurisprudence belge (1), se cantonne absolument dans la théorie de la responsabilité délictuelle. Suivant elle, il faut appliquer les dispositions des articles 1382 et suivants. Le patron ne peut être actionné en dommages-intérêts qu'autant qu'il y a eu de sa part une faute dommageable. C'est à l'ouvrier demandeur à établir l'existence d'une pareille faute, sinon, il doit être débouté. En résumé, la preuve incombe à l'ouvrier qui se dit créancier d'une indemnité à raison d'un délit ou d'un quasi-délit (2).

D'ailleurs, les cours et les tribunaux sont disposés à considérer, comme faute du patron, non seulement un fait positif, mais aussi une simple négligence ou imprévoyance. Ainsi, il y a faute de sa part du moment qu'il n'a pas pris les précautions nécessaires pour prévenir l'accident, quelque dispendieuses et inusitées qu'elles puissent être. Ainsi encore, il y a faute de sa part du moment qu'il n'a pas su mettre les ouvriers en garde contre leur imprudence ou leur imprévoyance, cause de l'accident (3).

Malgré tous ces tempéraments, la théorie qui vient d'être développée ne pouvait manquer de soulever des protestations (4).

ouvrière. Séance de l'Académie des sciences morales et politiques, juillet 1886, p. 163.

(1) Tribunal civil de Bruxelles, 25 avril 1885, Sir 1885, 4, 25 ; Tribunal de commerce de Bruxelles, 28 avril 1885, Sir 1885, 4, 25 ; Tribunal de commerce d'Anvers, 21 septembre 1885, Sir 1888, 4, 6 ; Cour de Gand, 18 juin 1887, Sir. 1889, 4, p. 1. Comp. Cass. Belgique, 8 janvier 1886, Sir 1886, 4, 6. En sens contraire : Cour d'appel de Liège, 25 avril 1885. Sir 1885, 4, 25 ; Tribunal de Mons, 14 novembre 1885, Sir. 1888, 4, 7.

(2) Trib. de Moulins, 8 janv. 1887, Sir. 1887, 2, 173 Cass., 31 mai 1886, Sir. 1887,1,209 ; Orléans, 20 décembre 1888, Sir. 1890, 2, 14.

(3) Caen, 22 décembre 1876, Sir, 1877, 2, 49 ; Aix, 10 janvier 1877, Sir. 1877, 2, 336 ; Aix, 27 novembre 1877, Sir. 1878, 2, 232 ; Dijon, 27 avril 1877, Sir. 1878, 1, 413 ; Cass. 7 janvier 1878, Sir. 1878, 2, 413 ; Cass. 28 août 1882, Sir. 1885, 2, 19 ; Amiens, 15 nov. 1883, Sir. 1884, 2, 6 ; Paris, 12 avril 1886 confirmé par Cass. 16 mai 1887, Sir, 1888, 1, 75.

(4) M. Paul Deffès s'est imposé la tâche un peu ingrate de défendre le système adopté par la jurisprudence. La thèse qu'il a soutenue sur ce sujet devant la faculté de droit de Toulouse mérite d'attirer l'attention. Consultez : *De la responsabilité des patrons dans les accidents dont leurs ouvriers sont victimes*, Thèse pour le doctorat par M. Paul Deffès. Arthur Rousseau, 1888.

On fit observer qu'en mettant à la charge de l'ouvrier une preuve si difficile, elle lui enlevait le plus souvent, en pratique, le moyen d'obtenir une indemnité. Malheureusement, au lieu de formuler des reproches contre les juges qui avaient fait une fausse application des principes, on se mit à attaquer le code lui-même, qu'on représenta comme insuffisant pour sauvegarder les intérêts des ouvriers. Et cependant, nous l'avons vu, en observant uniquement les règles tracées par les articles 1147 et 1148, on pouvait obtenir des résultats très satisfaisants !

Sous l'influence du courant qui se dessinait dans l'opinion publique, des députés pensèrent qu'il convenait de faire une loi spéciale. Plusieurs propositions et projets de loi furent déposés dans ce but, soit par les députés, soit par les ministres (1). Je n'ai point l'intention de les étudier en détail, je vais en dégager les dispositions qui se rattachent à l'objet de cette étude.

En général, d'après les divers textes proposés, la responsabilité du patron envers les ouvriers victimes d'accidents est considérée comme ayant son fondement dans les articles 1382 et suivants du code civil. Mais, par une dérogation notable au droit commun, la faute du patron est présumée par la loi (2). Du reste, le patron peut renverser la présomption qui pèse sur lui, en faisant certaines justifications. Les moyens à l'aide desquels il peut éviter la condamnation sont plus ou moins étroitement limités. Dans son projet déposé en 1886, M. Lockroy admettait que la présomption de faute délictuelle cessait lorsque le patron faisait la preuve que l'accident s'était produit par suite d'une force majeure ou de l'imprudence de la victime (3).

(1) Ce mouvement législatif se manifesta de 1880 à 1889. M. Martin Nadaud présenta une première proposition à la date du 29 mai 1880.

(2) Le projet que présenta M. Rouvier, le 24 mars 1885, n'admettait pas la présomption de faute, il faisait simplement l'application des articles 1382 et suivants. Voyez, Paul Deffès, Thèse pour le doctorat, *op. cit.* pag. 102.

(3) Projet déposé par M. Lockroy, dans la séance du 2 février 1886.

Article 1er. — Dans les usines, manufactures, fabriques, chantiers, usines, et carrières, entreprises de transport, et, en outre, dans les autres exploitations de tout genre, où il est fait usage d'un outillage à moteur mécanique, le chef de l'entreprise est présumé responsable des accidents survenus dans le travail aux ouvriers et préposés. Mais cette présomption cesse lorsqu'il fournit la preuve ou bien que l'accident est arrivé par la force majeure ou cas for-

La Commission de la Chambre des députés s'arrêta à un système plus rigoureux, d'après lequel le patron devait toujours fournir une indemnité à la victime, sauf dans le cas où l'accident était le résultat d'une faute *volontaire* de l'ouvrier (1).

Quoique votée en deuxième délibération par la Chambre des députés, cette proposition de loi fut mal accueillie par la commission sénatoriale. Une nouvelle rédaction, arrêtée par elle, a été conçue dans la pensée de sauvegarder un peu mieux les intérêts du patron (2). Celui-ci est toujours responsable de tout accident survenu par le fait ou à l'occasion du travail, mais il peut se soustraire à cette responsabilité en prouvant la faute lourde de l'ouvrier (3).

tuit qui ne peuvent être imputés ni à lui, ni aux personnes dont il doit répondre ou bien que l'accident a pour cause la propre imprudence de la victime.

(1) Article 1er. — Tout accident survenu dans leur travail aux ouvriers et employés occupés dans les usines, manufactures, chantiers, entreprises de transport, mines, minières, carrières, et, en outre, dans toutes les exploitations où il est fait usage d'un outillage à moteur mécanique, donne droit au profit de la victime ou de ses ayants droit à une indemnité dont l'importance et la nature sont déterminées ci-après.

Cette indemnité est à la charge du chef de l'entreprise quelle qu'ait été la cause de l'accident.

Toutefois, il ne sera dû aucune indemnité à la victime qui aura intentionnellement provoqué l'accident.

Les employés et ouvriers dont les appointements dépassent 4000 francs ne bénéficieront que jusqu'à concurrence de cette somme des dispositions de la présente loi.

Sont également admis à bénéficier des dispositions du présent article, les ouvriers et employés d'exploitation pour le compte de l'État, des départements, des communes ou des établissements publics, ainsi que les ouvriers ou employés occupés dans les entreprises de chargement ou de déchargement, dans les magasins publics et dans tout travail où l'on produit ou emploie des matières explosibles.

(2) M. Bardoux, rapporteur, s'est exprimé à ce sujet de la façon suivante : « Vous savez quelle différence essentielle distinguait le projet du Sénat du projet de la Chambre : celle-ci avait voulu rendre le patron responsable dans tous les cas ; elle avait proclamé en d'autres termes l'irresponsabilité de l'ouvrier, si ce n'est quand il y avait faute intentionnelle.

Nous avons pensé qu'il était impossible d'accepter cette manière de voir et nous avons déclaré, comme principe, dans la loi, que chacun était responsable de sa faute lourde, le patron comme l'ouvrier, quand l'un d'eux la commettait. C'est alors l'application des articles 1382 et suivants du code civil. »

Sénat, séance du 21 mars 1890. *Journal officiel* du 22 mars 1890, session ordinaire de 1890, p. 310.

(3) Article 1er. Dans toute industrie où le travail sera reconnu dangereux,

C'est ce texte que le Sénat a adopté en première et deuxième délibération.

Les deux textes votés successivement soit par la Chambre des députés soit par le Sénat, quoique s'écartant l'un de l'autre par des nuances, « ont ce défaut commun de déroger au droit général, d'instituer un droit d'exception, de créer des droits et des obligations extraordinaires au profit de certaines catégories et aux dépens de quelques autres catégories de personnes » (1).

4° Application. — *Responsabilité du voiturier envers le voyageur qui a été victime d'un accident au cours du transport.*

Du moment qu'il y a un contrat intervenu entre les parties, nous devons encore appliquer la théorie de la responsabilité contractuelle. En vertu du contrat, le voiturier s'est engagé à transporter la personne du voyageur sans dommage, dans le temps convenu, au lieu de destination. Si dès lors la personne éprouve un accident au cours du voyage, le contrat n'est pas exécuté ! Le voiturier doit payer des dommages-intérêts à moins qu'il ne prouve la survenue d'un cas fortuit ou de force majeure 1147, 1148. Est-ce la solution admise par la jurisprudence ? Non. Les tribunaux et les cours d'appel prétendent que l'article 1784

le chef d'entreprise est responsable de tout accident survenu par le fait du travail, ou à l'occasion du travail, à ses ouvriers ou employés, à moins qu'il ne prouve que cet accident est survenu par la faute lourde de l'ouvrier ou employé.

Ce principe est applicable aux exploitations gérées pour le compte de l'État, des départements, des communes et des établissements publics.

Si l'accident est dû à une imprudence ou à une négligence légère du patron ou de ses préposés, ou de l'ouvrier ; à un cas fortuit ou de force majeure ; ou si la cause est inconnue, l'indemnité est à la charge du chef de l'entreprise, dans les conditions et conformément aux distinctions qui seront déterminées ci-après.

Si, au contraire, la victime de l'accident ou ses ayants droit établissent que l'accident est dû à la faute lourde du chef de l'entreprise ou de ses préposés, les articles 1382 et suivants du code civil continueront à être applicables et la réparation comprendra la totalité du préjudice causé. « Le bénéfice de l'assistance judiciaire sera acquis à l'ouvrier victime de l'accident ou à ses ayants droit, dans les conditions qui seront déterminées ultérieurement ».

(1) Sainctelette, *Les accidents du travail*, Revue de droit international et de législation comparée, t. XXII, 1890, n° 2, p. 173.

Ce droit nouveau, introduit dans notre législation, est désigné sous le nom de « risque professionnel ».

est édicté en vue de transport des choses et qu'il ne saurait s'appliquer au transport des personnes, et alors ils ont recours aux dispositions des articles 1382 et 1383 (1).

Ce raisonnement est très faible.

D'abord, on peut soutenir que l'article 1784, sinon par ses termes, du moins par son esprit, s'applique au transport des personnes. C'est la manière de voir que la cour d'Aix a consacrée dans deux arrêts rendus en 1887 (2).

Cette opinion, je le reconnais, est susceptible d'être critiquée. On peut dire que l'article 1784, à raison de ses termes restrictifs, ne saurait être étendu au transport des personnes. Mais, ce point admis, faut-il conclure dans le sens indiqué par la cour de Poitiers et la cour de cassation ? Doit-on, avec les cours, prétendre que la disposition de l'article 1382 trouve ici sa place et que le demandeur en indemnité doit prouver la faute commise par le voiturier ? Nous ne le croyons pas. La vérité est qu'une question de responsabilité contractuelle est seule en jeu et que, dès lors, les règles générales des contrats doivent fournir la solution. En un mot, nous demandons qu'on revienne aux articles 1147 et 1148 dont la portée est très générale et qui, à défaut d'un texte particulier, sont faits pour régir toutes relations contractuelles.

En terminant, nous faisons observer que la cour d'Aix elle-même, mal inspirée, a, dans son dernier arrêt, fait allusion à l'article 1382, montrant par là qu'elle ne voyait pas très nettement la ligne de séparation entre la faute contractuelle et la faute délictuelle (3).

(1) En ce sens, Cass. 10 nov. 1884, Sir. 1885, 1, 129 ; Poitiers, 6 février 1888, Sir. 1888, 2, 138.

(2) Aix, 5 juillet 1887, Sir. 1887, 2, 250 ; Aix, 12 décembre 1887, Sir. 1888, 2, 138.

(3) Aix, 12 décembre 1887 : « Attendu que si l'article 1784 code civil, formule l'application de ce principe au transport des choses, on ne saurait induire de son silence, quant aux personnes, que cette application doit être écartée ; loin de là, le silence du législateur s'explique par cela même qu'un texte spéciale n'a point paru et n'était, en effet, point nécessaire..... Attendu, en outre, que tout préjudice résultant d'une faute oblige celui par la faute duquel il est arrivé à réparer (article 1382) ; d'où suit que la comp. Paris-Lyon-Méditerranée, obligée *ex contractu*, l'est aussi quasi *ex delicto*, non seulement si la cause du préjudice réside dans une inobservation de règlement, mais encore si elle

5° Application. — *Responsabilité de l'entrepreneur de remorquage envers le propriétaire de navire qui a subi des avaries au cours de l'opération.*

En principe, et, sauf examen des circonstances particulières, on doit admettre que l'entrepreneur de remorquage s'est engagé, par le contrat, à amener le navire remorqué, sans dommage, au lieu de destination. Si donc, des avaries se sont produites, l'obligation n'a pas été exécutée. L'entrepreneur, pour se soustraire à la condamnation, doit prouver le cas fortuit ou la force majeure, conformément aux articles 1147 et 1148 du code civil.

La jurisprudence n'envisage pas la question sous cet aspect si simple. Diverses décisions judiciaires partant de cette idée que le contrat de remorquage ne peut être assimilé au contrat de transport, refusent d'appliquer l'article 1784 du code civil. « D'après elle, la responsabilité de l'entrepreneur se trouve engagée dans les termes de l'article 1382, etc. et, dès lors, sa faute doit être prouvée par le propriétaire de navire demandeur en dommages-intérêts » (1).

Contre ces décisions nous formulons une critique déjà présentée, la déduction sur laquelle elles reposent est inacceptable.

Sans doute, et quoique l'opinion contraire ait été soutenue (2), j'admets que le contrat de remorquage est un contrat particulier et qu'il n'a pas été visé par le législateur à propos du contrat de transport (3). Mais, cette concession faite, je pense qu'il n'y a aucun motif d'abandonner la théorie de la responsabilité contractuelle. Les articles 1147 et 1148 doivent seuls être appliqués.

réside dans une infraction de règles de la plus simple prudence et du manque de précaution élémentaire. »

(1) Orléans, 24 octobre 1857, Sir. 1858, 2, 591 ; Paris, 16 avril 1886, Sir. 1888, 2, 235 ; Poitiers, 24 décembre 1888, Sir, 1889. 2, 161.

(2) Plusieurs tribunaux et cours d'appel ont décidé que l'entrepreneur de remorquage était un voiturier et qu'en conséquence l'article 1784 du code civil lui était applicable. Trib. de la Seine, 3 juillet 1872 et cour de Paris, 21 février 1873 rapportés sous cassation, Sir. 1874, 1, 278. Cour de Pau, 12 mars 1878, Sir. 1879, 2, 267.

(3) Le législateur n'a pas dû songer au remorquage parce que, au moment de la confection de nos codes, il était peu usité. Comme le disent MM. Renault et Lyon-Caen « à cette époque, le remorquage d'un navire par un autre n'avait guère lieu qu'en cas de dématage du premier. » *Précis de droit commercial*, t. II, p. 354.

Pourquoi parler de l'article 1382 du moment que nous sommes en présence de parties liées entre elles par un rapport contractuel? Aussi la cour de Poitiers l'a si bien compris que, dans un arrêt du 24 décembre 1888, tout en écartant l'article 1784 du code civil, elle ne s'est pas appuyée simplement sur l'article 1382 du même code. Elle a pris soin de constater que le capitaine du navire remorqué en avait conservé la direction et que l'entrepreneur de remorquage n'en avait jamais eu la garde. Après avoir fait cette constatation, elle a déclaré que cet entrepreneur ne pouvait être tenu de prouver le cas fortuit et qu'il devait être affranchi de toute responsabilité, l'existence d'aucune faute n'étant prouvée contre lui.

En prenant ce biais, la cour de Poitiers semble vouloir éviter la confusion perpétuellement faite entre les deux fautes, mais bientôt elle y tombe en présentant l'article 1874 du code civil comme une *disposition exceptionnelle.*

Conclusion.

En résumé, par l'examen de ces applications diverses, on voit dans quelles complications et dans quelles obscurités se débat la jurisprudence française. Faussant les règles de droit et tombant dans l'arbitraire, elle en vient à donner des décisions contre lesquelles s'élèvent de vives protestations. Cet état de choses est fâcheux. Il faut souhaiter qu'un revirement se produise, sous peu, dans le milieu judiciaire et que la cour de cassation se prononce nettement pour l'application des vrais principes. Mais, en attendant, le législateur devrait bien lui-même donner le bon exemple !

Imp. G. Saint-Aubin et Thevenot, Saint-Dizier. 30, passage Verdeau, Paris.

www.ingramcontent.com/pod-product-compliance
Ingram Content Group UK Ltd.
Pitfield, Milton Keynes, MK11 3LW, UK
UKHW032036260826
14628UKWH00006B/2988

9 782014 111491